4 **Canadian Law.**—Cugnet (Francois Joseph) Traité de la Police ; qui a
toujours été suivie en Canada, aujourd'hui Province de Québec, depuis son etablissement
jusqu'à la conquête, tire des diférens réglemens, jugemens et ordonnances d'Intendans, à
qui par leurs commissions, cette partie du gouvernement était totulement atribuée, a l'ex-
clusion de tous autres juges qui n'en ponvaient connaitre qu'en qualité de leurs subdélégnés.
Traité qui pourrait être de quelqu' utilité aux Grands Voyers, et aux juges de Police en
cette province, sm. 4to. (2), 25 (1) pp., half   *Quebec, chez Guillaume Brown,* 1775

Sabin 17855. Only one other copy recorded by Sabin, the Rich copy in Harvard College Library,
which evidently wanted the half-title. Issued for the use of magistrates immediately after the
passing of the Quebec Act. It is very rare.

TRAITÉ

DE LA

POLICE.

TRAITÉ

DE LA

POLICE.

Qui a toujours été fuivie en Canada, aujourd'hui *Province de Québec*, depuis fon établiffement jufqu'à la conquête, tiré des diférens réglemens, jugemens et ordonnances d'Intendans, à qui par leurs commiffions, cette partie du gouvernement était totalement atribuée, à l'exclufion de tous autres juges, qui n'en pouvaient connaitre qu'en qualité de leurs fubdélégués.

Traité qui pourrait être de quelqu'utilité aux Grands Voyers, et aux juges de Police en cette province.

Par François Joseph Cugnet, Ecuier, Seigneur de St. Etienne, &c. &c.

Cura rerum publicarum.

QUEBEC:
Chez Guillaume Brown,
MDCCLXXV.

PREFACE.

J'AY cru qu'aïant rédigé mes deux traités de la loy des *Fiefs*, et des loix de propriété de cette province, je devais pour completer mon ouvrage, et rendre en entier les loix Municipales, en composer un troisieme concernant la Police ; cette partie si necessaire au maintien du bon ordre, étant totalement negligée. J'aurais pû faire ce dernier plus étendu. Il aurait fallu pour cela relire tous les regiftres, et ils ne font en la disposition que du Greffier des Archives, qui n'en permet la lecture qu'à force d'argent. J'ose me flater que mes amis recevront ce dernier ouvrage quoique succint aussi favorablement que mes premiers, puisqu'il ne tend ainsi que les deux autres, qu'a faire connaitre les loix, le bon ordre et l'harmonie qui regnaient en cette province dans le precédent gouvernement.

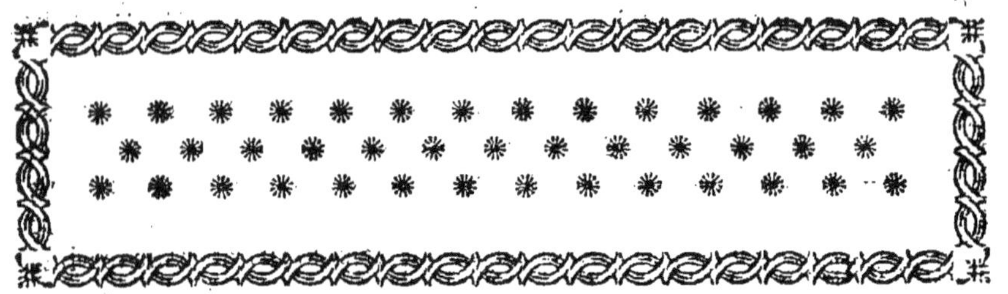

Des CHEMINS en GENERAL.

CHAPITRE I.

Des chemins en general.

Il fe trouve en cette colonie, trois fortes de chemins, fçavoir, les chemins roïaux et fujets à la pofte; les chemins de communication ou de fortie des conceffions, vulgairement apellés routes, et les chemins de moulin.

ARTICLE I.

Des grands chemins royaux et de pofte.

Les chemins roiaux et de pofte doivent avoir 24 pieds de largeur entre deux foffés, et les foffés doivent avoir trois pieds de largenr fur autant de profondeur. Les ponts fur les rivieres ou ruiffeaux doivent être de 18 pieds de largeur, garnis de gardes corps et les faignées et efcarpes

doivent

doivent être de la largeur du chemin et couvertes de terres et de gravois.

C ET article veut *Primo*, que les chemins roïaux et de pofte aïent 24 pieds de largeur entre deux foffés, et que les foffés foient ouverts de trois pieds de largeur fur autant de profondeur. Ces chemins doivent être faits, entretenus et réparés par corvées de tous les habitans et cenfitaires ou autres propriétaires de terres et de terrains, proportionnellement à leurs poffeffions. On doit diftribuer plufieurs corvées dans l'étendue de chaque paroiffe, afin que chacun d'eux connaiffe l'endroit où il doit travailler, et mettre un conducteur entendû à chaque corvée. Ces chemins qui fervent à la comunication generale, traverfent ordinairement en cette province les terres des habitans, et ils ont toujours été faits, entretenus et réparés par chaqu'habitant fur la devanture des terres, defquels ils font tracés. Ils doivent les ouvrir, en abatre les arbres, en arracher les fouches et les racines, en enlever les roches, combler les trous et les crevaffes qui s'y rencontrent, et en ouvrir les foffés de la largeur et profondeur ordonnées. *Secundo*; que les ponts fur les rivieres ou ruiffeaux foient de 18 pieds de largeur, garnis de gardes corps folides, et que les faignées et efcarpes foient de la largeur du chemin et couvertes de terres et de gravois. Les ponts dont il eft parlé dans cet article doivent être conftruits et réparés par tous les habitans et cenfitaires de la paroiffe où ils fe trouvent. Les dits habitans et cenfitaires de la paroiffe doivent chacun fournir leurs parts de bois neceffaires à la conftruction des dits ponts, fuivant la répartition qui en eft ordonnée, et les conftruire folidement. Toutes les piéces de bois fervantes de pavés doivent être écarries fur les quatre faces, et chevillées fur les lambourdes, qui doivent être de bois de cedre, et les gardes corps doivent être de trois pieds de hauteur et folides.

Les feigneurs font tenus de faire faire, entretenir et réparer les chemins roïaux tracés fur la devanture des domaines qu'ils fe font refervés, conformement aux ordres. Ils ne font pas tenus aux corvées des ponts, ni à contribuer à l'ouverture, façon, entretien et reparation des chemins tracés fur la devanture des terres non-concedées. Ils font feulement obligés de les fournir. Ces chemins ont toujours été faits, entretenus et reparés par tous les habitans et cenfitaire fitaires des feigneuries, foit par corvées ou par parts à l'arbitrage du Grand Voyer. *Les anciens fujets mal intentionés pour les Canadiens bien nés, pourront me dire, qu'il exifte dans les regîtres une ordonnance de M. Raudot, en datte du 13 Juin 1709: qui comprend les terres non concedées dans l'étenduë de leur domaine, et qui les oblige de faire les dits chemins, fauf à eux de s'en faire rembourfer par leurs conceffionaires futurs, des juges* (anciens fujets) *l'ont déjà fait valoir, et les pauvres Canadiens qui n'en fçavent pas plus long, accoutumés à obéir, y ont foufcrits. S'ils s'étaient confultés, on leur aurait dit, que cette ordonnance avait été renduë, contre l'intention de la Loy des Fiefs; que Mr. Raudot avait rendu une ordonnance injufte.* Omnis homo mendax. *Et que la claufe de rembourfement par les futurs conceffionaires, était illufoire, et ne pouvait avoir fon effet, puifque par les Edits de fa Majefté T. C. il eft expreffément ordonné aux feigneurs de conceder feulement à cens et rentes fans exiger aucun argent pour raifon de leurs terres. Cette ordonnance n'a jamais eu fon effet. Elle ne pouvait l'avoir.*

Lorfque les habitans d'une paroiffe demandent à changer un chemin roïal, le Grand Voyer doit fe tranfporter fur les lieux, où il doit faire affembler tous les habitans qui y font intereffés, pour leur communiquer la demande qui lui eft faite et prendre leurs avis, dont il dreffe proçés verbal pour ftatuer et déterminer le chemin demandé à la pluralité des voix; et dans le cas ou les habitans fe trouvent partagés entre deux fentimens, le Grand Voyer eft obligé de vifiter les deux chemins propofés, et fur fon examen et les raifons qu'il en doit rendre, fa décifion l'emporte. Lorfqu'un tel chemin eft ftatué, et que les travaux à y faire font déterminés par le Grand Voyer, qui prend à cet egard, les avis des anciens et notables habitans, il doit en faire mention detaillée dans fon dit proçès verbal, qui doit être lu et publié a la porte de l'Eglife le plus proche dimanche, après le fervice divin, à ce qu'aucuns des dits habitans n'en prétendent caufe d'ignorance.

S'ils fe trouvent dans les grands chemins roïaux des ponts confidérables à conftruire, qui chargeraient trop les habitans d'une paroiffe, il a toujours été d'ufage que les habitans des paroiffes voifines qui paffent fur ces ponts pour aller dans les villes porter leurs denrées, y contribuent. L'ouverture des chemins confifte à abatre les arbres, arracher les fouches et les racines, enlever les roches, combler folidement et avec du gravois (qui eft commun en cette province) les trous et les crevaffes, ouvrir les foffés de chaque côté et jetter les

*B

terres

terres des dits foſſés ſur le milieu du chemin pour l'arrondir et donner l'écoulement aux eaux dans les dits deux foſſés; faire les ſaignées et les eſcarpes neceſſaires, et enfin à les mettre dans un état praticable et commode au public. *Comme le gravois eſt commun dans preſque tous les paroiſſes de cette province, il ſerait bon pour ſérer les chemins, et les rendre plus durables, et moins ſujets à s'y former des orniéres, d'obliger chaqu'habitant d'y voiturer du gravois, et d'y en mettre d'un demi pied d'épaiſſeur.*

L'Entretien des chemins conſiſte à ſercler les herbes, à arracher les haziers ou fredoches qui peuvent y crôitre, à recaller les foſſés et à remplir ſolidement les orniéres.

La reparation conſiſte à combler les crevaſſes, les trous et les ravines qui s'y forment de quelques cauſes qu'elles provienent; ouvrir des ſaignées et les couvrir ſolidement; faire de nouveaux foſſés, lorſqu'il eſt neceſſaire pour recevoir et conduire les eaux, faire des ponts, rétablir ceux qui ſont faits; paver les endroits bourbeux et marecajeux, et faire tous nouveaux ouvrages néceſſaires ordonnés par le Grand Voyer, pour rendre les paſſages libres, fermes, commodes et aſſurés.

Tous les hâbitans et cenſitaires ſont obligés de travailler aux dits chemins et faire la devanture de leurs terres, *ſous peine de* 10 *livres tournois d'amende*; Voir.

Quatre jugemens de M. Raudot, des 23, 24, 31 *Mars, et* 20 *Avril,* 1706. *Quatre idem du même des* 11 *Juin,* 14 *Juin, et* 8 *Septembre,* 1707, *et du* 16 *Mars,* 1708, *ſix jugemens de M. Bégon du* 11 *Mars,* 1716; 22 *Avril,* 1720; 25 *Octobre,* 1721; 12, 14 *Juillet, et* 4 *Novembre,* 1722; *trois idem de M. Hocquart, du* 28 *Juillet,* 1730; 8 *Mars,* 1734; *et* 26 *Juin,* 1740.

Les ponts ſur les ruiſſeaux qui n'éxcédent point ſix pieds de largeur, doivent être conſtruits, réparés et entretenus par le propriétaire de la terre, ſur la devanture duquel ils ſe trouvent: mais ceux plus conſidérables doivent *ainſi qu'il eſt dit plus haut*, être conſtruits, entretenus et reparés par corvées.

Tous les bois néceſſaires tant pour la conſtruction de grands ponts, que pour leur entretien et réparation, ſont pris et coupés ſur les terres les plus voiſines des riviéres ou ruiſſeaux, attendu que les propriétaires de ces terres retirans des commodités de ces ponts, de ces riviéres et de ces ruiſſeaux, doivent auſſi, en ſuporter les charges. Voir, un jugement de M. Bégon, Intendant, du 6 Mars, 1713.

Tous Fermiers et Tuteurs ſont tenus de faire reparer et entretenir

les

les chemins dont les terres, qu'ils tiennent à ferme ou qu'ils font valoir, font chargées ; fauf par les fermiers à s'en faire tenir compte par les propriétaires dans le cas ou ils n'y fuffent pas obligés par leurs baux à ferme ; et par les Tuteurs, de paffer les depenfes qu'ils feront à ce fujet, dans le compte qu'ils rendront de la geftion des biens à la majorité de leurs pupilles, lefquelles depenfes leur doivent être allouées, en par eux raportant un certificat du Grand Voyer ou de fes Commis. Voir, un jugement de M. Hocquart, du 10 Juin, 1732.

Les anciens foffés tant de traverfe que de décharge, qui fe trouvent dans les Seigneuries de cette Province, et qui traverfent les chemins doivent fubfifter, nonobftant tous partages de terres qui peuvent être faits, comm'ils étaient par le paffé et ne peuvent être changés fans le confentement des Seigneurs. Ils doivent être entretenus en commun par les habitans et cenfitaires de chaque Seigneurie, au prorata de leurs conceffions. Voir, un Jugement de M. Raudot, Intendant, du 9 May, 1706.

Les côtes dificiles et efcarpées, trés fréquentes en cette Province, doivent être entretenues et reparées en commun et par corvées de tous les habitans de la Paroiffe où elles fe trouvent.

ARTICLE 2.
Des chemins de comunication.

Les chemins de comunication ou de fortie des conceffions des profondeurs, vulgairement apellés Routes, doivent être faits, réparés et entretenus feulement par ceux qui y font intereffés. Ils font marqués et tracés entre la ligne de deux habitans cenfitaires de 18 pieds de largeur entre deux foffés, ouverts de trois pieds de largeur fur autant de profondeur, chacun doit en fournir Moitié. Les habitans intereffés aux dits chemins doivent les ouvrir, les entretenir et les réparer, fans l'aide des fourniffeurs de terrains, (quoique poffeffeurs de terres dans les dites conceffions) et faire une feconde clôture, qu'ils entretiennent également ; étant jufte que pour fervir de dedomagement aux fourniffeurs de terrain (quoiqu'ils y foient obligés par leurs contrats de conceffions) eux et leurs fucceffeurs foient déchargés d'y travailler, et que ceux intereffés aux dits chemins fourniffent et entretiennent la feconde clôture que ces chemins leur ocafionnent.

CET article ne demande pour ces fortes de chemins, *(communement apellés Routes)* que 18 pieds le largeur entre les deux foffés qui doivent être ouverts de trois pieds de largeur fur autant de profondeur, a la diference des chemins Roïaux, qui doivent être de 24 pieds entre les deux foſſés.

Ces chemins font demandés par les conceſſionaires des profondeurs, et ils font marqués entre la ligne de deux cenſitaires de la conceſſion au deſſous et non fur une terre partagée entre deux héritiers. Ils doivent s'adreſſer au Grand Voyer par une reqûete, dans laquelle, après avoir expoſé le befoin qu'ils ont d'un chemin et l'incomodité qu'ils foufrent de n'en point avoir, ils concluent, *à ce qu'il lui plaife fe tranfporter fur les lieux à leurs frais et dépens, pour leur en marquer et traçer un qu'ils puiſſent faire, et dont ils aïent un titre,* parcequ'un chemin eſt une fervitude pour les habitans fur les terres defquels il paſſe ; que les fervitudes doivent être établies par actes, et que les habitans fur les terres defquels paſſerait et ferait étably un tel chemin, fans un Proçès Verbal du Grand Voyer, feraient dans le cas de le boucher, et de s'opofer à ce qu'aucun habitant y paſſe. Le Grand Voyer doit répondre la requête et fixer l'endroit et le Jour ou il fe rendra, afin que tous les cenſitaires intereſſés au dit chemin s'y trouvent. Lorfqu'il eſt rendû fur les lieux, il doit faire aſſembler tous les dits habitans pour leur communiquer la demande qui lui eſt faite et prendre leurs avis, dont il dreſſe Procès Verbal pour déterminer et ſtatuer le chemin demandé à la pluralité des voix. Il doit vifiter la ligne propofée, y traçer et marquer le chemin en préfence des parties (*c'eſt à dire* de ceux qui le demandent et de ceux qui le fourniſſent) le plaquer, fi le terrain eſt en bois de bout, ou y faire planter des piquets de diſtance en diſtance, fi le terrain eſt déferté, afin que les habitans ne dérangent point la ligne, parceque ces chemins doivent être traçés fur une ligne droite et fur le même rhumb de vent que courrent les terres, fans faire aucunes équerres, car quoique tous les cenſitaires foïent tenus par leurs contrats de fournir le terrain, ils ne doivent cependant point fuporter d'équerres fur leurs terres : dans le cas ou il ferait abfolument néceſſaire d'en faire, l'équerre doit être eſtimée, et il faut en dedomager le cenſitaire, fur la terre du quel elle eſt marquée, et ce à dire d'experts choifis et nommés par les parties ou d'office.

Le Grand Voyer doit dans fon proçés Verbal déterminer generalement et particuliérement tous les travaux néceſſaires à faire dans le dit chemin ; les ponts et de quelle façon ils doivent être conſtruits,

ſtruits, la qualité et quantité des bois tant pour lambourdes que pavés et gardes de corps, ainſi que les ſaignées et eſcarpes qui y ſeront neceſſaires.   Il doit auſſi decharger les fourniſſeurs du terrain d'y travailler, eux et leurs ſucceſſeurs, et obliger les habitans intereſſés au dit chemin de fournir une ſeconde clôture, qu'ils doivent entretenir à perpétuité.   Il doit auſſi fixer le tems au quel le dit chemin doit être ouvert, et celui auquel il doit être parachevé ; de tels Proçés Verbaux doivent être lus et publiés à la porte de l'Egliſe Paroiſſiale le plus proche Dimanche, à l'iſſuë du ſervice divin, à ce qu'aucuns des dits habitans n'en prétendent cauſe d'ignorance.   Il a toujours eté d'uſage que le dit Grand Voyer nomme un des Principaux habitans de la conceſſion pour conduire les travaux à faire à ces chemins.   *Voir, les Jugemens cités au premier Article, et deux Jugemens de M. Bégon, Intendant, des 7 et 12 Juillet, 1713, et un idem de Mr. Hocquart, du 14 Aouſt, 1744.*

Aucuns habitans des Villes et des Campagnes, quels qu'ils puiſſent être, ne doivent paſſer ſur les terres ni dans les clos des habitans, ni en rompre les clôtures, ſous peine *de 10 Livres tournois d'amende.*   Voir, *Deux Jugemens de Mr. Hocquart, Intendant, des* 24 *May, et* 1 *Juin,* 1730.

Dans le cas ou le Grand Voyer trouve les habitans partagés entre deux ſentimens, il doit auſſi viſiter les lignes propoſeés, et ſur ſon éxamen, Viſite et raiſons qu'il doit en rendre dans ſon Proçés Verbal, ſa déſicion l'emporte.

ARTICLE 3.
Des chemins de moulin.

Les chemins de moulin, ſont demandés par les Seigneurs, et ils doivent être faits, entretenus et reparés par tous les habitans de la Seigneurie, qui doivent auſſi païer le tranſport du Grand Voyer.   Ces chemins doivent être marqués entre la ligne de deux habitans cenſitaires (autant qu'il éſt poſſible) et de la même largeur que les chemins de comunication et de ſortie des conceſſions.

CET article veut que les chemins de moulin, quoique demandés par les Seigneurs, ſoïent faits, reparés et entretenus par tous les cenſitaires de la Seigneurie, et en outre qu'ils païent le tranſport du Grand Voyer, par la raiſon que la banalité eſt réelle en cette
Province,

Province, et qu'il eſt loiſible aux cenſitaires d'obliger leurs ſeigneurs de bâtir un moulin pour leur utilité et avantage. *Voir à ce ſujet, ce que j'ai dit au Chapitre* 9ᵐᵉ. *de mon Traité des Fiefs, Article* 34, *et un jugement de M. Hocquart, Intendant du* 27 *May* 1730.

Ces ſortes de chemins doivent être ordonnés de la même maniere que ceux de comunication, apellés *routes.*

ARTICLE 4.

Des chemins d'hyver.

Les chemins royaux, ou de ceintures ſont en hiver bâtus, baliſés et entretenus par chaqu'habitant cenſitaire et propriétaire de terres ſur leurs devantures. Les routes ſont également batues, balliſées, et entretenues par les habitans des conceſſions qui y ſont intereſſés, ſuivant les parts qu'ils y ont. Tous les habitans et propriétaires de terres ſont tenus de batre (chacun endroit ſoi) *leurs devantures et leurs parts de chemin à toutes les bordées de neiges, et ils doivent poſer leurs baliſes, qui ſeront de têtes de Sapin ou de Cédre de* 7 *à* 8 *pieds de hauteur, diſtantes de* 24 *pieds en* 24 *pieds.*

Tous les habitans qui aportent en hiver dans leurs carioles ou traines des denrées, bois ou fourages, ſont tenus d'aporter avec eux dans leurs voitures une pelle et une pioche pour abatre et unir en s'en retournant chez eux, les pentes et les cahos, que la charge de leurs voitures occaſionnent.

CET article eſt fondé, *ſur un jugement de Mr. Raudot, Intendant du* 13 *Décembre* 1709, *un idem de M. Dupuy du* 15 *Novembre* 1727, *et un idem de M. Hocquart du* 8 *Novembre* 1729.

Dans ce préſent gouvernement, comme les habitans ſont tranquilles chès eux, il n'y aurait point d'inconvenient à ce qu'il fût ſtatué et ordonné que tous les habitans et propriétaires de terres en general, entretinſſent deux chemins en hiver, tant ſur leurs devantures que ſur leurs parts, de poſer des baliſes, *ainſi qu'il eſt dit,* aux deux côtés du chemin et un rang d'autres baliſes dans le milieu, et que tous les voïageurs qui viendraient dans les villes ou qui en ſortiraient, ſoient toujours tenus de prendre le chemin à droite, afin d'éviter les rencontres, qui occaſionnent toujours non ſeulement des querelles, mais auſſi des accidens facheux.

CHAPITRE

CHAPITRE II.

Des bâtimens et des faillies des maisons dans les ruës des villes et des voyes publiques.

JABEL petit fils d'Adam a inventé les tentes et les pavillons pour servir de maisons et de retraites. *Voir le chapitre 4. de la Genese, verset* 20: on bâtit ensuite des cabanes: *furcæ utrinque suspensæ fulciebant casam spissatis ramalibus ac fronde congesta.*

De cette simplicité naturelle on est venu à la magnificence, on a élevé de superbes édifices, on a distribué les diferens ordres d'architecture, on a construit des tours, des murailles et des maisons avec cette solidité, qui autrefois a excité la censure de Platon contre les Agrigentins, dont il dit, *Agrigentini quasi semper victuri ædificant.*

Les Empereurs Romains ont eu une attention particuliere à concontribuer à la décoration des villes: Auguste avait fixé la hauteur des bâtimens à 70 pieds, Neron la reduisit à 60: il fit bruler la ville de Rome pour la rebâtir avec plus d'ordre et de régularité, ce dessein parait certainement plus raisonable que celui que quelqu'anciens autheurs lui atribuent faussement, d'y avoir fait mettre le feu pour se faire une image plus vive de l'embràzement de la ville de Troyes; quoiqu'il en soit on peut justifier la conduite de cet Empereur par l'évenement et même par le temoignage qu'en rend Tacite, au 4me. livre de ses annales, en disant, *Cæterùm urbis domus, non ut post Gallica incendia nulla distinctione, nec passim erectæ; sed dimensis vicorum ordinibus et latis viarum spatiis cohibita ædificiorum altitudine, ac patefactis areis additis que porticibus quæ frontem insularum protegerent.*

Il y a des marques authentiques du soin que les successeurs à l'empire ont pris à cet égard, voir la loy 4. au Code, *de Adific:* au paragrafe, *cùm decobus, ff. idem respondit pro socio, digna est construßio civitatis in qua se commendet cura regalis.*

Dans les derniers siecles et particuliérement dans celui cy, les Rois des diferens roïaumes ont eus autant de zéle pour l'embelisfement des villes, qui consiste en la construction des maisons en ligne droite; pour y parvenir on a créé des Grands Voyers ou Inspecteurs des chemins et des ruës, avec le pouvoir de donner les alignemens,

de

et de faire retrancher les faillies, afin d'établir une fymétrie, d'une ma-
niére qu'une ruë entiere ne paraiffe qu'une maifon, fuivant les pre-
ceptes de Platon, *livre 6. de leg: ut tota urbs fit unus murus æqualitate
et fimilitudine.* Les faillies font des parties de bâtimens qui avancent
dans la ruë, et qui ne font pas à plomb fur les fondemens. Les
diferentes efpéces font: les éviers, les bornes, les chaffis, les montres
et étalages, les enfeignes, les marches, feüils des portes, les ouvertures des caves, les balcons, les travaux de marechaux, les jardins
qui font attachés aux fenêtres, les établis, les comptoirs et les auvents.

Les *éviers* font des canaux par ou s'ecoulent les eaux d'une maifon,
d'une cuifine, d'une écurie. Ce mot vient *d'Aqua.*

Les *bornes* font des pierres ou des piéces de bois qui fe mettent à
hauteur d'apuy, pour arrêter les voitures, et empêcher qu'elles ne
dégradent les portes ou les murs d'une maifon. Il vient du mot
Grec. Bounòs. Qui fignifie un morceau de terre.

Les *chaffis* font des ouvrages de menuiferie qui entourent quelque
chofe, Ce mot vient de *Capfum.*

Les *montres,* font des étoffes ou des marques que les marchands ou
ouvriers mettent audevant de leurs boutiques, pour montrer aux
paffans les chofes dont ils font trafic, et leurs ouvrages. Ce mot
vient de *Monftratio.*

Les *Etalages* font des marchandifes que l'on expofe en vente. Ce
mot vient *d'oftentatio.*

Les *enfeignes* font des fignes ou marques publiques qui fe mettent
en quelqu'endroit, et qui portent pour l'ordinaire une image, pour
defigner une boutique ou magafin. Ce mot vient *d'infignium.*

Les marches font des degrès ou des efcaliers pour monter dans les
maifons. Ce mot vient de *Solium.*

Les *ouvertures ou huis* des caves, font des pierres ou des piéces de
bois, qui fervent à couvrir les caves, ou lieux fouterrains ou voutés
qui font au deffous du rez de chauffée, ce mot eft dérivé du latin.
Oftium.

Les *balcons ou galleries,* font des conftructions de pierre, de bois ou
de fer attachés en faillie aux fenêtres d'une maifon, quelqu'uns dé-
rivent ce mot de l'Allemand *Balk,* qui fignifie poutre. M. de Sau-
maife a dit, *Porphora illa et mæniana quæ mænibus adjici folebant ex
provolantibus et proječtis tabulatis compofita, et* Balcone, *nifi fallor, ho-
diè vocant Itali.*

Les *travaux de Maréchaux,* font des quarrés entourés de piéces de
bois,

bois, où ces ouvriers mettent les chevaux fougueux pour les ferrer ou les medicamenter.   Ce mot a été fait de *Trepalium*.

Les jardins font des planches atachées aux fenêtres fur lefquelles on met des pots ou des boëtes portatives, qui contiennent des fleurs.

Les etablis font des tables qui fervent aux ouvriers à débiter leurs ouvrages, ou aux bouchers pour étaller leurs viandes. Ce mot vient de *tabulatum*.

Les comptoirs font des bancs qui fervent aux marchands à étaller leurs marchandifes.

Les auvents font de petits toits qui fe mettent en faillie audeffus des boutiques; les auvents étaient chès les Romains apellés, *pergula.*

ARTICLE 5.
Des bâtimens et faillies des Maifons.

Il n'eft permis à qui que ce foit de quelque qualité et condition qu'il puiffe être, de bâtir aucunes maifons dans les villes et fauxbours, fans prendre alignement du Grand Voyer, comm'auffi de mettre marches faillantes dans les dits rues et édifier galleries fans une permiffion expreffe et par écrit du dit Grand Voyer.

CET article exige pour l'embelliffement et décoration des villes, que tous ceux qui feront bâtir prennent alignement du Grand Voyer dont il leur doit delivrer Procés Verbal afin qu'ils s'y conforment, et auffi de ne point édifier pas de porte et galleries faillantes dans les rues, fans une permiffion expreffe du dit Grand Voyer, dont la permiffion ne pouvait excéder trois pieds ou trois pieds et demy, *mefure Françaife*, de faillie; voir à cet égard, *une ordonnance en régle-ment de M. Raudot Intendant du 22 Juin 1706: et un idem de Mr. Hocquart du 19 Aouft 1733: qui ordonne à* toutes perfonnes, de quelque qualité et condition qu'elles foient, qui bâtiront des maifons dans les villes et fauxbourgs et qui voudront faire des marches et galleries faillantes dans les rues, de prendre du Grand Voyer des Procés Verbaux d'alignement; et qui fait défenfes à tous propri-étaires de terrains, à tous entrepreneurs et maçons de pofer aucun fondement, aucunes marches et galleries, qu'au préalable, ils ne fe foient faits reprefenter les Procès Verbaux d'alignement et de per-miffion; et qui leur enjoint de s'y conformer, à peine contre les pro-priétaires de demolition des maifons, et contre les entrepreneurs et

*C

maçons

maçons de 50 *livres tournois d'amende.*

Il n'etait point permis de pofer des planches aux fenêtres pour y mettre des caiffes de bouquets, fans en avoir obtenu une permiffion du Grand Voyer, qui ordonnait la façon de les pofer, afin que les paffans n'en puiffent courir aucuns rifques.

Il était également défendu de placer aucunes galleries ou balcons faillans, qu'au préalable ceux qui voulaient en conftruire n'en euffent obtenu une permiffion du Grand Voyer.

Perfonne n'était en droit de conftruire et édifier des ouvertures de caves dans les rues, et elles n'étaient tolérées que dans la Baffe Ville pour l'utilité et comodité du commerce, et ceux dont le commerce l'exigeait ne pouvaient les conftruire que fur une permiffion par écrit du dit Grand Voyer, qui en donnait les proportions, qui ne devaient point excéder quatre pieds faillants dans les rües.

Depuis la fupreffion des loix Municipales de cette Province, ces ouvertures de caves fe font multipliées, non feulement dans la Baffe Ville mais même dans la haute, et on ne peut faire un pas la nuit, fans courrir rifque de s'y bleffer.

Les propriétaires des maifons ne pouvaient pas placer des enfeignes, des montres, des bornes, des auvents, et des travaux de marêchaux, ainfi que des établis et comptoirs faillants dans les rües, fans en avoir obtenu permiffion du Grand Voyer.

Il était expreffement défendu et prohibé de mettre des bois de cordes dans les rües, perfonne n'avait le droit d'en accorder des permiffions.

Aujord'huy depuis le gouvernement civil, la ville de Québec eft embarraffée et défigurée par toutes ces diférentes faillies, elle reffemble plus à un village qu'a une ville.

ARTICLE 6.

Des couvertures des maifons.

Il n'eft permis à aucunes perfonnes de couvrir les maifons en bardeaux, et de conftruire dans les villes aucunes maifons en bois, ni en colombage et même en manfardes.

CET article était d'autant plus fage, que ces fortes de couvertures font combuftibles et extrêmement dangereufes en cas d'incendie, parceque les bardeaux qui font faits de bois de cedre, et

par

par confequent très legers portent le feu d'un quartier à un autre au moindre vent; voir, *une ordonnance en réglement de Mr. Begon Intendant du 8 Juillet 1721, une idem de Mr. Dupuy du 7 Juin 1727, une idem de M. Hocquart du premier Juillet 1734, une idem de M. Bigot du 15 Juin 1752, et un idem du même du 31 May 1754.*

Il n'était permis à qui que ce foit de bâtir dans les villes aucunes maifons en bois et en colombage, même en manfardes, fuivant les dits réglemens.

Aujourd'huy un quart de la ville de Québec eft bâty en bois; ces maifons non feulement defigurent la ville, mais encor en cas d'incendie font extrêmement dangereufes; il y en a même quelques unes qui fervent de forges. Elles y font foufertes. Chacun eft libre, *c'eft dit-on la liberté Anglaife. Que dire? que faire? aucunes loix de Police ne fubfiftantes en cette province, perfonne n'eft certainement dans le cas de la contravention.*

CHAPITRE III.

Des ruës et des bâtimens qui menaçent ruine.

La connaiffance de l'entretien, réparation et nettoyement des ruës dans les villes et fauxbourgs apartenait au Grand Voyer.

ARTICLE 7.

Des bâtimens menaçans ruine.

Le Grand Voyer eft tenu de condamner ou faire condamner toutes maifons et autres bâtimens menaçans ruine dans les villes et fauxbourgs à être demolis et jettés bas, aux frais des propriétaires.

LE Grand Voyer dans les circonftances de cet article, doit prendre deux maçons experts pour vifiter les maifons, bâtimens et cheminées menaçans ruine, et fur leurs raports de vifite ordonner la demolition et refection des dits bâtimens, maifons et cheminées, et faute par les propriétaires de le faire, ordonner que les dits bâtimens feront demolis et jettés bas à leurs frais et dépens: et quant aux cheminées qu'il eft feulement neceffaire de retéter, defendre d'y faire du feu, jufqu'a ce qu'elles foient retablies; dans le cas où les propriétaires refufent d'obéir, il eft de fon devoir de reprefenter en juftice fes Proçés Verbaux et ordres, et pourfuivre les delinquants. *Il s'adreffait dans le precédent gouvernement à l'Intendant ou à fon fubdélégué qui ordonait l'exécution de fes ordres, dans un tems fixé, fous peine d'amende pécuniaire.*

ARTICLE 8.
Des encombremens des ruës.

Il n'eft permis à aucunes perfonnes d'encombrer et d'embarraffer les ruës, fous quelque prétexte que ce foit et d'y jetter des immondiees, ainfi que d'y laiffer des voitures, carioles, charettes ou cabrouets. Chaque particulier doit faire netoyer ou balayer fa devanture.

PAR cet article il n'était permis à qui que ce foit d'embarraffer les ruës, foit par du bois de corde, des planches, madriers, pièces de bois &c. et il était defendû à qui que ce foit de jetter des decombres dans les rues et places des villes. Chacun était tenu de les porter dans les endroits indiqués par le Grand Voyer; voir, *une ordonance de M. Hocquart Intendant du 16 May 1732, et une idem du même du 26 Avril 1739.*

Chaque propriétaire ou locataire de maifons était tenu de balayer et tenir propre fa devanture. Voir, *Un réglement general de police rendu par le confeil fouverain le 16 Juillet 1676.*

ARTICLE 9.
Des chevaux et cochons dans les ruës.

Il n'eft loifible à qui que ce foit de laiffer vaguer des chevaux et des cochons dans les rues des villes et fauxbourgs.

VOIR à cet égard. *Deux ordonnances de M. Raudot Intendant des 22 Juin et 10 Novembre 1716, une idem du même du 26 Septembre 1708 deux idem du même des 28 et 29 Juin 1710 une idem de Mr. Dupuy Intendant du 31 Octobre 1727 et une idem de M. Hocquart du 17 Mars 1731.*

Depuis la conquête, la Police en ce genre a toujours été negligée, Les rues font remplies de chevaux et de cochons. Plufieurs
accidens

accidens funeſtes qui en font arrivés, n'ont point fait ouvrir les yeux au gouvernement.

ARTICLE 10.

Defenſes de tirer dans les villes.

Il eſt defendû à toutes perſonnes de quelque qualité et condition qu'elles ſoient de tirer aucuns coups de fuſils dans les villes.

VOIR à cet égard. *Une ordonnance de M. Bégon Intendant du 21 May 1721, une idem de M. Bigot du 27 Aouſt 1754, et un jugement de M. Dupuy Intendant du 10 May 1727, qui condamne un particulier à 50 livres tournois d'amende pour avoir tiré un coup de fuſil dans la Ville en contravention des ordonnances et qui en outre prononce la confiſcation de ſon fuſil.*

ARTICLE 11.

Des Marchés dans les Villes.

Il eſt Enjoint à tous les Habitans des Campagnes qui aportent en Ville des denrées, de les tranſporter auſſitòt dans les Places de marchés des Villes, et defendu à qui que ce ſoit de les vendre ou de les acheter, hors des dits marchés.

CET Article eſt d'autant plus ſage, qu'il prevoit à ce qu'il ne ſoit commis aucunes monopoles ſur les choſes qui ſont abſolument neceſſaires à la Vie, et à ce qu'aucunes perſonnes des Villes n'achetent point les denrées pour les revendre enſuite à des prix plus forts. Voir à cet égard. *Deux ordonnances en Réglement de M. Raudot Intendant des 8 Juin, et 22 Aouſt, 1728.*

Une idem du même du 23 Septembre de la même Année, qui fait très expreſſes défenſes, ſous peine de 10 livres tournois d'amende à tous hôteliers et cabaretiers de rien acheter aux dits marchés avant huit heures du matin.

Une Ordonance de M. Hocquart Intendant du 6 Novembre 1722: qui defend à tous particuliers d'emporter (même en païant) les bleds, farines et autres denrées, étans dans les canots ou voitures, qui arrivent ſur les grèves ou aux portes des Villes, et d'aller et courir au devant des dits canots et voitures, et de ne rien acheter que dans les marthés, ſous peines de 10 livres tournois et de priſon.

Et

Et une idem de M. Bigot Intendant du 15 May 1752.

Il était d'ufage en cette Province, qu'il y eut toujours un magif-
trat fur les marchés pour tenir la main à ce que les ordonances fuffent fuivies et éxécutées, et aufli à ce que l'habitant donnat bon
poids et ne furvendit point fes dènrées.

ARTICLE 12.

Défenfes d'ouvrir des cariéres dans les villes.

*Il eft défendû à tous entrepreneurs, maçons et autres ouvriers d'ouvrir
aucunes cariéres dans l'étendue de deux cens toifes des murailles des
villes et d'en ouvrir aucunes dans les dites villes au dedans des dites
murailles.*

CET article eft conftaté *fur une ordonance en réglement de M.
Raudot Intendant du 27 Fevrier 1711:* Depuis ce tems cette
ordonance a toujours été rigoureufement obfervée; mais depuis la
conquête les entrepreneurs maçons et autres ouvriers ont ouverts des
cariéres, non feulement près des murs des villes, mais même dans
leurs enceintes. Et l'avidité de quelques anciens fujets qui ont bâtis
dans la Baffe Ville de Québec, fe font avifés de tirer des pierres du
cap qui fepare la Baffe d'avec la Haute et ont totalement ruiné et
bouché un chemin qui communiquait de la Haute à la Baffe Ville,
qui avait été ordonné et fait à gros frais, pour faciliter un prompt
fecours en cas d'incendie.

ARTICLE 13.

Défenfes de tuer dans les villes.

*Il n'eft permis à aucuns bouchers de tuer leurs bœufs et autres animaux
dans l'enceinte des villes. Ils font tenus d'avoir leurs boucheries fur les
grêves ou hors la ville.*

CET article eft conftaté fur *deux ordonances en réglement de Mr.
Dupuy Intendant des 31 Octobre 1726, et 15 Novembre 1727.*
Elles ont été régulierement obfervées jufqu'a la conquête. Aujourd'huy les bouchers tüent leurs Animaux dans l'enceinte des
Villes, qui en font tellement infectées, que dans les chaleurs de
l'été qui font exceffives en cette province, on ne peut aller et venir
dans

dans les Villes et particuliérement dans la haute Ville de Québec,
fans avoir le cœur englouty ; ce qui occafione beaucoup de maladies.

CHAPITRE IV.
De la Police generale.

L'Efprit de la Police eft de maintenir la tranquillité publique entre
les hommes, et de les contenir dans le bon ordre, indépendament de
leurs volontés, en emploïant même la force et les peines felon
les befoins.

ARTICLE 14.
Pour prévenir les accidens du feu.

*Chaque particulier propriétaire et locataire de maifons dans les Villes et
faubourgs, doit faire ramoner tous les mois les cheminées ou il fera fait
du feu, ou dans lefquelles il paffe des tuïaux de poëles : Et fi les locataires
négligent de faire ramoner, les propriétaires des maifons font en droit
de le faire faire aux dépens de leurs locataires. Les ramoneurs doivent
nétoyer les cheminées à la gratte et au balais. Il n'eft permis à aucuns
particuliers de pofer aucuns poëles dans leurs maifons, dont les tuïaux
fortent autre part que dans les cheminées, et dans les cas ou on ferait
paffer les tuïaux de poëles dans les cloifons de planches, il faut laiffer un
demy pied de portour au moins aux dits tuïaux.*

CET article eft fondé fur *une ordonance de Police en réglement du
conseil fouverain du* 11 *May* 1676: Voir de plus, *une ordonance
de Mr. Dupuy Intendant du* 22 *Octobre* 1726: *une idem de Mr. Hocquart du* 16 *Juin* 1739: *une idem de Mr. Bigot du* 15 *Janvier* 1752 *et
deux idem du même des* 30 *et* 31 *May* 1754.

Il a été rendu pour cette partie fi néceffaire au bien public, une
ordonance du gouverneur et confeil de cette province; en datte du
premier Novembre 1768: Il y eft prononçée feulement des peines
contre ceux qui ne feront pas ramoner. Il aurait été prudent d'en
prononçer contre les infpecteurs des cheminées et contre les ramoneurs, en cas de faute et de négligence de leurs parts, ce defaut
dans cette ordonance peut porter à de grands préjudices.

ARTICLE

ARTICLE 15.

Défenfes d'aller fur les terres d'autruy.

Il n'eft permis à qui que ce foit d'aller chaffer fur les terres d'autruy, et d'en enlever les fruits quelfqu'ils foïent, perfonne ne doit mettre des atrapes, foit pour martres et autres animaux fur d'autres terres que fur les fiennes, abâtre ni ôter l'ecorçe des arbres, abatre ni enlever aucuns bois fur les terres dont il n'eft pas propriétaire, fans en avoir obtenu permiffion.
Tous feigneurs ne peuvent couper ni envoyer couper du bois hors l'étendue de leurs feigneuries. Les habitans ne doivent faire aucunes coupes de bois ni entailles aux arbres fur les terres non concedées fans une permiffion du feigneur à qui elles apartienent, comm'auffi tous charretiers, tous charpentiers, charons, tonneliers ou autres gens de metier.

CET article qui a toujours été en force en cette colonie n'eft plus obfervé. Chacun eft maitre, et cette liberté caufe de grands préjudices tant aux feigneurs qu'aux habitans et cenfitaires. Voir. *Une ordonance en réglement de M. Raudot Intendant du 4 Mars 1707, une idem du même du 20 Septembre 1708, une idem du même du 3 Juillet 1710, une idem de M. Bégon Intendant du 24 Décembre 1713: Et un idem de Mr. Dupuy Intendant du 5 Avril 1727:* Voir quant à la chaffe, mon traité de la loy des fiefs, Chap 11, Art. 39.

ARTICLE 16.

Pour la confervation des Perdrix.

Il eft défendû à toutes perfonnes de quelque qualité et condition qu'elles puiffent être de tuer des perdrix même fur leurs terres, depuis le 15 Mars jufqu'au 15 Juillet de chaque année; même de les prendre a la tonelle ou au colet et d'en enlever les oeufs.
CET article eft fondé *fur le réglement general de Police du confeil fouverain du 16 Juillet 1676, et fur une ordonance de M. Dupuy Intendant du 23 Mars 1727.*

Il à toujour: été tenu la main à ce reglement, mais il eft conftant qu'aïant été négligé depuis la conquête, cette forte de gibier devient plus rare que cy-devant.

ARTICLE

ARTICLE 17.
Pour la confervation des Ports.

Il eft defendû à qui que ce foit, de porter ni jetter ancuns gravois, terres decombres et immondices dans les ports des villes, et à tous capitaines de navires, maîtres de barques chaloupes et tous autres de jetter aucun lefte dans les dits Ports, ainfi qu'a tous conducteurs de canots ou cajeux d'y jetter aucunes roches, et à tous charretiers et autres voituriers de prendre aucuns fables dans les dits Ports; et auffi de faire du feu dans les bâtimens échoués dans le Cul de Sac.

CET article qui eft d'une très grande confequence pour le commerçe et pour prevenir les incendies des vaiffeaux ou autres bâtimens échoués, eft fondé fur

Une ordonance de M. Raudot Intendant du 18 Septembre 1710, une idem de M. Hocquart Intendant du 11 Avril 1736: une idem du même du 26 Avril 1739: et une idem de Mr. Bigot Intendant du 21 Avril 1751.

Cette partie, quoique le commerçe foit devenu depuis la conquête plus confidérable, eft actuellement fi fort negligée, que les ports font encombrés, que tous les jours les bâtimens echoués courent rifque d'être brulés; incendie qui fe communiquerait dans toute la Baffe Ville.

ARTICLE 18.
Pour remedier aux accidens qui pourraient arriver des chevaux et voitures tant dans les villes que dans les campagnes.

Il eft défedû à toutes perfonnes de quelque qualité et condition qu'elles puiffent être, tant ceux qui conduifent des voitures, que ceux qui montent des chevaux dans les villes de les mettre au galop, et à tous habitans de mettre leurs chevaux (foit en caleches l'été ou carioles en hiver, foit cavaliers) au trot ou au galop, lorfqu'ils fortent des Eglifes, à moins qu'ils n'en foïent éloignés de 10 arpens; et il leur eft enjoint de s'arrêter, lorfqu'ils trouvent des gens de pied dans leurs chemins, même de fe detourner, afin de leur donner le tems de fe retirer.

*D

Cet

CET article eſt fondé ſur *le réglement general de Police du conſeil ſouverain de 1676: une ordonance en réglement de M. Raudot Intendant du 21 Janvier 1708, une idem du même du 16 Aouſt 1710: une idem de M. Bégon Intendant du 29 Fevrier 1716: une idem de M. Bigot Intendant du 22 Decembre 1748.*

Il a été rendû une ordonnance du Gouverneur et Conſeil à cet egard du 6 Novembre 1764, mais elle n'eſt point conſidérée.

ARTICLE 19.

Clotures des devantures des terres.

Chaque habitant et cenſitaire des diferentes paroiſſes de la colonie, doivent faire une clôture bonne et valable le long du front de ſa terre; chacun doit enferger ſes chevaux afin qu'ils ne ſautent point les clôtures pour aller dans les grains et courir ſur les paſſans.

CET article eſt fondé ſur *une ordonance en réglement de Mr. Raudot du 12 Mars 1709.*

Et une idem du même du 6 Juin de la même année

Les habitans s'y ſont toujours conformés juſqu'a la conquête, ils négligent depuis de clore la devanture de leurs terres; ils n'enfergent plus leurs chevaux, et les grands chemins ſont remplis de chevaux vitieux, dont les cavaliers et même les voitures en Eté ont beaucoup de peine à ſe débarraſſer.

ARTICLE 20.

Défenſes aux charretiers de faire travailler leurs harnois les Dimanches.

Il eſt défendû à tous charretiers, voituriers dans les villes, et à tous habitans dans les campagnes de voiturer et de faire travailler leurs harnois les jours de Dimanches, ſans permiſſion des Curés ou des magiſtrats.

CET article eſt fondé ſur *le réglement general de Police du conſeil ſouverain de 1676.*

Une ordonnance en réglement de Mr. Raudot Intendant du 25 May 1709.

Il a toujours été rigoureuſement obſervé juſques à la conquête; aujourd'huy il ſemblerait, qu'au mépris du Chriſtianiſme, les charretiers,

retiers, les voituriers dans les villes, et les habitans des campagnes choſiſſent ce jour preferablement aux autres pour voiturer et charger leurs bois et autres effets.

ARTICLE 21.

Defenſes de donner à boire aux ſauvages.

Il eſt fait très expreſſes inhibitions et defenſes à tous les ſujets de la colonie, quelqu'ils puiſſent être, de vendre, traiter ni faire boire aucune eau de-vie ni boiſſons ennyvrantes aux ſauvages.

CET article a toujours été obſervé rigoureuſement dans le tems du gouvernement Français.   Il n'avait été redigé que pour la conſervation des ſauvages à cauſe du commerce des pelleteries, et il eſt fondé ſur *un ordre de ſa Majeſté Très Chrétienne du* 30 *Juin* 1707.

Le réglement general de Police du conſeil ſouverain de 1676.

Une ordonance en réglément de Mr. Raudot Intendant du 23 *Juin* 1710.

Une idem de M. Begon du 26 *May* 1721, *une idem de M. Dupuy du* 22 *Novembre* 1726, *une idem de M. Hocquart du* 2 *May* 1723.

Il ſe trouve pluſieurs jugemens d'Intendant à cet égard.   Voir *un jugement de M. Begon, Intendant du* 30 *Juin* 1722 *qui condamne en* cinq cens livres tournois d'amende *un particulier convaincu d'avoir traité aux ſauvages des boiſſons ennyvrantes.*

Ce jugement a été rendu à la requête, pourſuites et diligences du Procureur General.

Il a été rendu par le Gouverneur et Conſeil le 10 Novembre 1764 une ordonance fort ſage à cet égard: mais elle n'eſt point obſervée.

F I N I S.

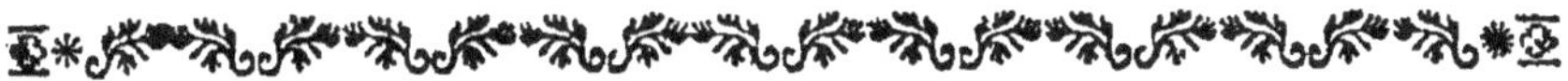

TABLE

Des Chapitres contenûs au préfent Traité.